TANJA DUSY

WENIG SCHNIPPELN
schneller kochen

FOTOGRAFIE: TINA ENGEL, MEIKE BERGMANN

INHALT

Öffnen Sie die Klappen dieses Buches.
Dort finden Sie die wichtigsten Infos zum Thema auf einen Blick!

DAS PRINZIP:
WENIGER
SCHNIPPELN –
SCHNELLER
GENIESSEN

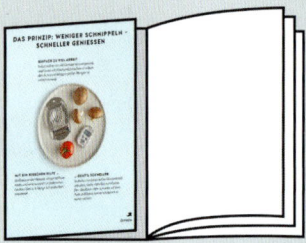

DIE PERFEKTE
SCHNELLE KOMBI

Immer griffbereit:

SO GEHT'S:
GUT IN FORM

Immer griffbereit:

SO GEHT'S
EINFACH FIXER

GU CLOU

Wussten Sie schon, dass ...?
Entdecken Sie bei einigen ausgewähl-
ten Rezepten ganz besondere Tipps
mit verblüffendem Insiderwissen.
Aha-Momente garantiert!

Mit diesem Symbol sind alle vegetarischen
Gerichte gekennzeichnet.

Die Backzeiten können je nach Herd variie-
ren. Unsere Temperaturangaben beziehen
sich auf das Backen im Elektroherd mit
Ober- und Unterhitze.

REZEPTKAPITEL

06 FIX GEMACHTE SNACKS

22 SCHNELL AUFGETISCHT

44 GANZ UND LANGSAM GAR

TANJA DUSY

Der Alltag ist oft stressig genug. Deshalb darf's in der Küche ruhig etwas entspannter zugehen, findet unsere Autorin Tanja Dusy. Und mit einigen kleinen Helfern im Geräteschrank und ein paar Ideen beim Kochen ist das durchaus möglich!

Schnippeln Sie gerne?

Da ich gerne mit viel Gemüse und möglichst un-verarbeiteten, frischen Zutaten koche, bleibt mir oft nichts anderes übrig. Als berufstätige Mutter kenne ich aber das Dilemma: selber kochen wollen, aber kaum Zeit zum Schnippeln. Darum nutze ich gerne ein paar klei-ne Hilfsgeräte, die mir etwas Arbeit abnehmen und Zeit sparen. Ansonsten kenne ich inzwischen den ein oder an-deren Trick, mit dem es ein-fach schneller geht.

Was hilft mir in der Küche?

Wenn ich nur eben eine To-mate in Scheiben schneiden muss, nehme ich natürlich ein normales Messer und ein Küchenbrett. Bevor ich aber angesichts riesiger Gemüseberge gestresst durchdrehe,

drehe ich lieber Möhren oder Zucchini durch den Spiralschneider oder schicke sie durch den Dicer oder Blitzhacker. Das spart Zeit und Nerven – zu-mal sich die Geräte anschlie-ßend auch im Nu unter flie-ßendem Wasser wieder reinigen lassen.

Und am Wochenende?

Wenn genügend Zeit ist, kann Schnippeln eine fast meditative, entspannende Tätigkeit sein. Trotzdem nut-ze ich meine kostbare Frei-zeit auch gerne anderweitig. Und zum Glück besitze ich ja eine ganze Reihe von Rezep-ten, bei denen fast gar nicht gearbeitet werden muss, wenn z. B. das Gemüse ganz bleibt und der Herd die Hauptarbeit übernimmt. Die kommen bei mir auch immer dann gerne zum Einsatz, wenn ich Gäste erwarte.

OFENKARTOFFELN

4 große dünnschalige Kartoffeln gründlich waschen und mit einer Gabel rundum mehrmals einstechen. Den Backofen auf 225° vorheizen.

4 große Stücke Alufolie dünn mit 2 TL Olivenöl bestreichen. Die Kartoffeln hineinwickeln und im Ofen (Mitte) 1 Std. 15 Min. garen.

Die Kartoffeln auswickeln, aufschneiden und je 2 TL Butter daraufgeben. Mit Salz und Pfeffer würzen. Nach Belieben noch mit 150 g geriebenem Gouda bestreuen.

Die Ofenkartoffeln heiß servieren.
Reicht für 4 Personen

FIX GEMACHTE SNACKS

Für 4 Personen • 20 Min. Zubereitung • Pro Portion ca. 115 kcal, 8 g EW, 6 g F, 7 g KH

TRÜMMERGURKENSALAT MIT GARNELEN

ERFRISCHENDER ASIA-SALAT

2 große Bio-Salatgurken
1 Knoblauchzehe
1 Stück Ingwer (3 cm lang)
1 ½ TL Zucker
Salz
Pfeffer
4 EL Weißweinessig
3 EL Sojasauce
2 EL geröstetes Sesamöl (ersatz-
weise Rapsöl)
180 g gegarte Garnelen (aus dem
Kühlregal)
2 Frühlingszwiebeln

FRISCHE-KICK
Der Salat ist supererfrischend und damit perfekt an heißen Tagen – speziell dann, wenn die Gurken vorher im Kühlschrank gut durchgekühlt sind. Im Sommer also am besten immer ein paar im Gemüsefach bevorraten!

1 Gurken waschen und die Enden abschneiden. 1 Gurke längs auf ein Küchenbrett legen und mit einem Fleischklopfer mit festen Schlägen der gesamten Länge nach daraufschlagen, bis die Gurke entlang einer Naht aufplatzt. Die Gurke mit dieser Naht nach oben legen und den Vorgang wiederholen. So teilt sie sich in vier unregelmäßige Längsstreifen. Falls nicht, wiederholen. Die entstandenen Gurkenstreifen mit der Hand in Stücke zupfen. Mit der zweiten Gurke wiederholen.

2 Knoblauch schälen und durch die Presse drücken. Ingwer schälen und fein hacken. Beides mit Zucker, ½ TL Salz, Pfeffer, 3 EL Essig und Sojasauce in einer Schüssel verrühren. Das Öl unter das Dressing schlagen. Dann die Gurkenstücke untermischen und den Salat ca. 10 Min. ziehen lassen.

3 Inzwischen die Garnelen in ein Sieb geben, kalt abbrausen und mit Küchenpapier trocken tupfen. Frühlingszwiebeln putzen, waschen und mit dem Grün in Ringe schneiden.

4 Den Gurkensalat mit Salz und eventuell mit dem übrigen Essig (1 EL) abschmecken. Garnelen und Frühlingszwiebelringe untermischen. Den Salat auf vier Tellern anrichten und servieren.

Für 4 Personen • 20 Min. Zubereitung • Pro Portion ca. 360 kcal, 16 g EW, 30 g F, 8 g KH

CRUNCHY EISBERGSALAT

KRACHIG-FRISCH

4 Eier (M)
100 g Frühstücksspeck in Scheiben (Bacon)
1 Eisbergsalat
80 ml Buttermilch
100 g Salatmayonnaise
100 g saure Sahne
2 EL Weißweinessig
Salz
Pfeffer
1 Schalotte
1 kleine Knoblauchzehe
1 großes Bund gemischte Kräuter (Schnittlauch, Petersilie, Dill, Basilikum)

1 Eier in ca. 8 Min. hart kochen, dann in kaltem Wasser abkühlen lassen. Gleichzeitig Speckscheiben in eine beschichtete Pfanne legen, erhitzen und bei mittlerer Hitze in 8–10 Min. langsam knusprig goldbraun braten. Herausnehmen und auf Küchenpapier entfetten.

2 Inzwischen Salat längs vierteln, unschöne Blätter und Strunk entfernen. Die Viertel waschen, trocken schütteln und auf vier Teller legen. Buttermilch, Mayonnaise und saure Sahne verrühren. Mit Essig, Salz und Pfeffer würzen. Schalotte und Knoblauch schälen, beides im Blitzhacker fein zerkleinern. Kräuter waschen, trocken schütteln und die Blätter im Blitzhacker zerkleinern. 1 EL davon beiseitelegen, den Rest mit Schalotte und Knoblauch unter das Dressing rühren.

3 Die Eier pellen und mit dem Dicer grob würfeln. Den Speck in Stücke schneiden oder brechen. Das Dressing über die Salatviertel träufeln, mit Eiern, Speck und übrigen Kräutern bestreuen.

Für 4 Personen • 25 Min. Zubereitung • Pro Portion ca. 345 kcal, 8 g EW, 28 g F, 14 g KH

GEGRILLTER RÖMERSALAT 🌿

SOMMERREZEPT

*2 Scheiben Weißbrot vom
    Vortag
1 Knoblauchzehe
8 EL Olivenöl
Salz
2 große Römersalatherzen
Pfeffer
4 EL Weißweinessig
1 TL Dijon-Senf
75 ml kalte Gemüsebrühe
2 EL Crème fraîche
1 EL saure Sahne
2 Prisen Zucker
60 g Parmesan*

1 Brot ca. 1 cm groß würfeln. Knoblauch schälen, halbieren und in Scheiben schneiden. In einer beschichteten Pfanne 2 EL Öl erhitzen. Die Brotwürfel mit der Hälfte vom Knoblauch darin goldbraun rösten. Salzen, auf Küchenpapier geben, Knoblauch entfernen.

2 Salatherzen waschen, trocken schütteln, putzen und längs halbieren. Die Schnittflächen mit je ½ EL Öl bepinseln, salzen und pfeffern. Eine Grillpfanne heiß werden lassen und die Hälften darin mit der Schnittfläche nach unten ca. 5 Min. braten.

3 Inzwischen übrigen Knoblauch mit Essig, Senf, Brühe, Crème fraîche, saurer Sahne und übrigem Öl (4 EL) fein pürieren. Mit Salz, Pfeffer und Zucker würzen. Parmesan reiben, die Hälfte unter das Dressing heben. Den Salat mit der gegrillten Seite nach oben auf vier Teller legen. Mit dem Dressing beträufeln, mit Brotwürfeln und übrigem Parmesan bestreuen und sofort servieren.

Für 4 Personen • 15 Min. Zubereitung •
Pro Portion ca. 325 kcal, 12 g EW, 22 g F, 18 g KH

Für 4 Personen • 15 Min. Zubereitung •
Pro Portion ca. 285 kcal, 13 g EW, 23 g F, 7 g KH

ROTE-BETE-SALAT MIT FETA 🌿

FIX GEMACHT

500 g gegarte Rote Bete (vakuumverpackt) •
200 g Schafskäse (Feta) • 2 EL Weißweinessig •
½ TL Honig • ⅓ TL gemahlener Koriander •
Salz • Pfeffer • 3 EL Olivenöl • 2 Spritzer Zitro-
nensaft • 30 g Walnusskerne • 3 Stängel Dill

1 Rote Bete in 1 cm dicke Scheiben schneiden und mit dem Dicer 1 cm groß würfeln. Käse ebenso 1 cm groß würfeln. Essig, Honig, Korian-der, Salz und Pfeffer verrühren. Öl unterschlagen und das Dressing mit Zitronensaft abschmecken. Rote Bete untermischen und kurz ziehen lassen.

2 Inzwischen Nüsse in einer Pfanne ohne Fett rösten, bis sie duften. Abkühlen lassen und im Blitzhacker grob zerkleinern. Dill waschen, trocken schütteln, die Spitzen abzupfen und im Blitzhacker grob schneiden. ½ TL davon beiseite-legen. Käse, Nüsse und Dill unter den Salat heben, mit dem übrigen Dill bestreuen.

GURKEN-EIER-SALAT 🌿

KLEINER IMBISS

6 Eier (M) • 1 kleine Salatgurke • 3 Gewürz-
gurken • 150 g saure Sahne • 3 EL Mayonnaise •
1 TL Zitronensaft • Salz • Pfeffer • 1 kleines
Bund Dill

1 Eier in 8 Min. hart kochen, in kaltes Wasser le-gen und abkühlen lassen. Danach pellen und mit dem Dicer oder Eierschneider quer in Scheiben schneiden. Auf einer Servierplatte auslegen.

2 Inzwischen Gurke schälen, halbieren und Ker-ne herausschaben. Die Gurke in passende Stü-cke schneiden und mit dem Dicer klein würfeln. Gewürzgurken längs halbieren und klein würfeln. Saure Sahne, Mayonnaise und Zitronensaft glatt verrühren, salzen und pfeffern. Alle Gurken un-termischen. Dill waschen, trocken schütteln und die Spitzen grob hacken. ½ TL davon beiseite-legen, den Rest untermischen. Das Dressing auf die Eier geben, mit dem übrigen Dill bestreuen.

Für 4 Personen • 10 Min. Zubereitung •
Pro Portion ca. 250 kcal, 6 g EW, 18 g F, 13 g KH

Für 4 Personen • 30 Min. Zubereitung •
Pro Portion ca. 110 kcal, 5 g EW, 5 g F, 10 g KH

TOMATENSALAT MIT MANGO 🌿

SOMMERREZEPT

800 g reife, feste Tomaten • 1 reife, feste Mango •
1 Kugel Büffel-Mozzarella (125 g) • 4 EL Aceto
balsamico • 1 TL Ahornsirup • Salz • Pfeffer •
4 EL Olivenöl • 5 Stängel Basilikum

1 Tomaten waschen und den Stielansatz keilförmig herausschneiden. Dann mit dem Dicer oder Eierschneider in Scheiben schneiden. Auf vier Tellern auslegen. Mango schälen, das Fruchtfleisch flach vom Stein schneiden, passend zuschneiden und im Dicer ca. 1 cm groß würfeln. Die Mangowürfel auf den Tomaten verteilen. Mozzarella trocken tupfen, mit den Fingern grob zerpflücken und auf den Salat streuen.

2 Essig, Ahornsirup, Salz und Pfeffer gründlich verrühren. Dann das Öl unterschlagen. Das Dressing über den Salat träufeln. Basilikum waschen und trocken schütteln. Die Blätter grob zerpflücken und über den Salat streuen.

RETTICH-MÖHREN-SALAT 🌿

ASIATISCH LEICHT

400 g Möhren • 200 g Rettich • 1 Knoblauchzehe •
4 EL Gemüsebrühe • 1 EL flüssiger Honig •
2 EL Weißweinessig • 2 EL Sojasauce • 4 EL Erd-
nusskerne (geröstet und gesalzen) • 5 Stängel Kori-
andergrün • Salz • Pfeffer

1 Möhren und Rettich schälen und mit dem Spiralschneider in feine Spiralen schneiden. Knoblauch schälen und in eine Schüssel pressen. Mit Brühe, Honig, Essig und Sojasauce verrühren. Die Gemüsespiralen untermischen und ca. 15 Min. ziehen lassen.

2 Inzwischen Erdnüsse im Blitzhacker grob zerkleinern. Koriandergrün waschen, trocken schütteln und die Blätter im Blitzhacker grob hacken. Beides unter den Salat mischen. Den Salat mit Salz und Pfeffer abschmecken und servieren.

GU
CLOU

Auch wenn Halloumi ähnlich wie Mozzarella her-
gestellt wird, ist er deutlich fester. Er bleibt selbst
bei Hitze in Form und kann, wie hier, gebraten
aber auch mal gegrillt werden, ohne wie Mozzarella zu schmelzen.

BROKKOLI-MAIS-FRITTER 🌿

PERFEKTES FINGERFOOD

300 g Brokkoli
1 Dose Mais (285 g Abtropfgewicht)
150 g Halloumi
80 g Mehl
3 EL Milch
1 Ei (L)
¾ TL gemahlener Kreuzkümmel
½ TL edelsüßes Paprikapulver
Salz
Pfeffer
1 Bund Schnittlauch
1 Bio-Zitrone
Öl zum Braten

1 Brokkoli waschen und den Stiel abschneiden. Den oberen Teil in größere Röschen brechen oder schneiden. Die Röschen dann portionsweise im Blitzhacker zerkleinern. Dabei an den Seiten immer gut nach unten schieben und nicht zu lange zerkleinern, damit der Brokkoli nicht matschig wird.

2 Mais in ein Sieb abgießen, kalt abbrausen und abtropfen lassen. Halloumi trocken tupfen und auf der Rohkostreibe grob raspeln. Mehl, Milch und Ei verrühren. Den Teig mit Kreuzkümmel, Paprikapulver, Salz und Pfeffer würzen.

3 Schnittlauch waschen, trocken schütteln, im Bund fassen und mit der Schere in Röllchen schneiden. Zitrone heiß abwaschen, abtrocknen und die Schale fein abreiben. Schnittlauch, Zitronenschale, Brokkoli, Mais und Halloumi zum Teig geben und alles gründlich vermischen.

4 In einer Pfanne mit hohem Rand ca. 1 cm hoch Öl erhitzen. Jeweils 1 gehäuften EL Teig nebeneinander in die Pfanne setzen und leicht flach drücken. Ca. 2 Min. braten, dann wenden und ca. 2 Min. leicht weiterbraten. Fertige Fritter herausnehmen und auf Küchenpapier entfetten. Mit dem restlichen Teig wiederholen und die Fritter noch warm servieren.

Für 4 Personen • 15 Min. Zubereitung • 15 Min. Backen • Pro Portion ca. 455 kcal, 26 g EW, 22 g F, 38 g KH

PIZZABRÖTCHEN

KINDERLIEBLING

4 Ciabatta-Brötchen
150 g Champignons
1 kleine gelbe Paprika
100 g gekochter Schinken (in dickeren Scheiben)
100 g Salami (in dickeren Scheiben)
50 g Parmesan
150 g Schmand
100 g geriebener Mozzarella
1 ½ TL getrocknete italienische Kräuter
Salz
Pfeffer

1 Den Backofen auf 180° vorheizen, ein Backblech mit Backpapier belegen. Die Brötchen längs halbieren und mit der Schnittfläche nach oben auf das Backblech legen.

2 Champignons mit einem Tuch abreiben und putzen, dann mit dem Dicer fein würfeln. Paprika waschen, vierteln, weiße Trennwände und Kerne entfernen. Die Viertel mit dem Dicer fein würfeln. Schinken und Salami nacheinander ebenfalls mit dem Dicer fein würfeln. Parmesan im Blitzhacker fein zerkleinern.

3 Schmand, Gemüse-, Schinken- und Salamiwürfel, Parmesan, Mozzarella und Kräuter in eine Schüssel geben. Alles gut vermischen, mit Salz und Pfeffer pikant würzen. Die Masse mit einem Esslöffel gleichmäßig auf die Brötchenhälften häufen und leicht andrücken. Die Pizzabrötchen im Ofen (Mitte) in ca. 15 Min. knusprig braun backen. Herausnehmen und mit einem frischen Salat servieren.

Für 4 Personen • 15 Min. Zubereitung • 10 Min. Backen • Pro Portion ca. 590 kcal, 26 g EW, 30 g F, 53 g KH

ZWIEBEL-KÄSE-BROTE 🌿

ÜPPIGES ABENDBROT

4 große Zwiebeln
50 g Butter
8 Scheiben Weißbrot (ersatz-
    weise Toastbrot)
180 g reifer Bergkäse
1 Bund Schnittlauch
2 Eier (M)
Salz
2 EL Sahne
frisch geriebene Muskatnuss
Pfeffer

1 Den Backofen auf 220° vorheizen, ein Backblech mit Backpapier belegen. Zwiebeln schälen und mit dem Dicer oder Blitzhacker fein würfeln. In einer Pfanne 25 g Butter erhitzen und die Zwiebeln darin bei kleiner bis mittlerer Hitze in 5–8 Min. weich und hellbraun dünsten. Dann vom Herd nehmen.

2 Inzwischen die Brotscheiben mit der übrigen Butter (25 g) bestreichen, mit der bestrichenen Seite nach unten auf das Blech legen. Käse im Blitzhacker fein zerkleinern oder reiben. Schnittlauch waschen, trocken schütteln und mit der Schere in Röllchen schneiden.

3 Eier trennen. Die Eiweiße mit 1 Prise Salz steif schlagen. Eigelbe und Sahne verquirlen. Zwiebeln, Käse und Schnittlauch unterrühren, mit Muskatnuss, Salz und Pfeffer würzen. Den Eischnee unterheben und die Zwiebelmasse auf den Broten verteilen. Im Ofen (Mitte) 8–10 Min. backen, bis der Käse schmilzt und leicht bräunt.

Für 4 Personen • 10 Min. Zubereitung • Pro Portion ca. 325 kcal, 8 g EW, 25 g F, 15 g KH

KALTE GURKENSUPPE 🌿

LEICHT & ERFRISCHEND

2 EL dunkler Sesam
3 Salatgurken
1 Knoblauchzehe
500 g griechischer Joghurt
   (10 % Fett)
100 g Crème fraîche
1 TL gemahlener Kreuz-
   kümmel
Salz
Pfeffer
2 EL Zitronensaft
4 Stängel Minze
2 Msp. Chiliflocken (nach
   Belieben)

1 Sesam in einer Pfanne ohne Fett rösten, bis die Samen leicht knistern und duften. Aus der Pfanne nehmen und abkühlen lassen.

2 Inzwischen Gurken schälen, halbieren und die Kerne herausschaben. Das Fruchtfleisch in große Stücke schneiden. Knoblauch schälen und grob zerschneiden. Gurken, Knoblauch, Joghurt und Crème fraîche im Standmixer fein pürieren. Mit Kreuzkümmel, Salz, Pfeffer und 1–2 EL Zitronensaft würzen. Minze waschen, trocken schütteln und die Blätter nicht zu fein schneiden. Die Hälfte davon zur Gurkensuppe geben und diese nochmals cremig aufmixen.

3 Die Gurkensuppe in vier Schalen anrichten. Mit übriger Minze, geröstetem Sesam und nach Belieben Chiliflocken bestreuen.

Für 4 Personen • 10 Min. Zubereitung • 4 Std. Kühlen • 40 Min. Backen • Pro Portion ca. 480 kcal, 23 g EW, 37 g F, 12 g KH

TOMATENSUPPE MIT SCHINKEN

GAZPACHO-STYLE

1 kg reife Tomaten
1 grüne Paprika
1 Salatgurke
1 weiße Zwiebel
2 Knoblauchzehen
3 EL Sherryessig
Salz
Pfeffer
120 ml Olivenöl
250 g dickere Scheiben Serrano-
Schinken (ersatzweise
Parmaschinken)

1 Tomaten waschen und halbieren, dabei die Stielansätze entfernen. Paprika waschen, halbieren, weiße Trennwände und Kerne entfernen. Die Hälften grob zerschneiden. Gurke schälen und in grobe Stücke schneiden. Zwiebel und Knoblauch schälen und grob schneiden.

2 Das Gemüse im Standmixer in 2–3 Min. sehr fein pürieren, dabei eventuell in zwei Portionen mixen. Mit Essig, knapp 2 TL Salz und Pfeffer würzen. Dann bei laufendem Mixer das Öl in einem dünnen Strahl einlaufen lassen. So dickt die Suppe leicht an und wird cremig. Die Suppe mind. 4 Std. im Kühlschrank durchziehen lassen.

3 Den Backofen auf 100° vorheizen, ein Backblech mit Backpapier belegen. Den Schinken eventuell etwas kleiner schneiden und nebeneinander auf das Blech legen. Im Ofen (Mitte) in 30–40 Min. knusprig backen. Herausnehmen und auf Küchenpapier abkühlen lassen. Die Suppe in vier Schalen anrichten und die Schinkenchips daraufgeben.

Für 4 Personen • 10 Min. Zubereitung • 40 Min. Backen • Pro Portion ca. 475 kcal, 7 g EW, 44 g F, 12 g KH

AUBERGINEN MIT JOGHURT 🍃

ORIENTALISCH

4 Auberginen
2 Knoblauchzehen
75 ml Olivenöl
Salz
Pfeffer
4 Stängel Minze
400 g griechischer Joghurt
  (10 % Fett)
75 g Butter
1 TL edelsüßes Paprikapulver
½ TL Harissa (nach Belieben)

1 Den Backofen auf 200° vorheizen, ein Backblech mit Backpapier belegen. Auberginen waschen und längs halbieren, dabei den Stiel belassen. Das Fruchtfleisch rautenförmig einschneiden. Knoblauch schälen und zum Öl pressen. Die Schnittfläche der Auberginen mit dem Knoblauchöl bestreichen, leicht salzen und pfeffern. Mit der Schnittfläche nach oben auf das Blech legen und im Ofen (Mitte) 30–40 Min. backen, bis sie leicht gebräunt und weich sind.

2 Inzwischen die Minze waschen, trocken schütteln und die Blätter nur grob zerpflücken. Joghurt mit 3 EL kaltem Wasser glatt rühren, leicht salzen und pfeffern. Butter in einer kleinen Pfanne schmelzen. Paprikapulver und nach Belieben Harissa einrühren.

3 Die Auberginen aus dem Ofen nehmen und auf einer Servierplatte anrichten. Mit der Paprikabutter beträufeln und den Joghurt in Klecksen darauf verteilen. Mit Minze bestreut servieren.

Für 4 Personen • 20 Min. Zubereitung • Pro Portion ca. 260 kcal, 14 g EW, 19 g F, 6 g KH

RADICCHIO MIT SCAMORZA 🍃

FEINE VORSPEISE

1 geräucherter Scamorza
(250 g)
2 große Radicchio (à 250 g)
1 Knoblauchzehe
2 EL Olivenöl
Salz
1 Orange
3 EL Aceto balsamico
Pfeffer

1 Käse quer in knapp 1 cm dicke Scheiben schneiden, dabei die harte Rinde entfernen. Unschöne Blätter vom Radicchio entfernen, die Köpfe waschen, trocken schütteln und längs sechsteln. Knoblauch schälen und in Scheiben schneiden. Eine beschichtete Pfanne dünn mit Öl ausstreichen und erhitzen. Den Käse darin bei mittlerer Hitze in ca. 5 Min. von beiden Seiten braun braten, warm halten.

2 Gleichzeitig das übrige Öl in einer großen, zweiten Pfanne erhitzen. Den Knoblauch darin andünsten. Die Radicchiospalten mit einer Schnittseite hineinlegen und 5–6 Min. braten, bis sie leicht gebräunt und etwas zusammengefallen sind. Zwischendurch wenden. Den Radicchio salzen und mit dem Käse auf vier Tellern anrichten.

3 Orange auspressen. Mit dem Essig in die heiße Pfanne geben und bei großer Hitze sirupartig einkochen lassen. Sofort über Radicchio und Scamorza träufeln, mit Pfeffer übermahlen und servieren.

SCHNELL AUFGETISCHT

Für 4 Personen • 30 Min. Zubereitung • Pro Portion ca. 560 kcal, 22 g EW, 31 g F, 57 g KH

TORTILLAS MIT GEMÜSEHACK

GUT AUF DIE HAND

2 rote Paprika
1 große Zwiebel
3 EL Olivenöl
300 g Rinderhackfleisch
2 EL Taco-Würzmischung (Taco
   Seasoning Mix)
Salz
Pfeffer
2 EL Tomatenmark
1 Dose Mais (285 g Abtropfgewicht)
4 Vollkorn-Tortillas (Weizenfladen;
   ersatzweise Mais-Tortillas)
150 g Sour Cream

TAUSCH-TIPP

Keine Sour Cream bekommen?
Dann einfach 100 g Schmand
mit 50 g Joghurt oder saurer
Sahne (noch besser mit einer
Mischung aus beiden zu gleichen Teilen) mischen. Zuletzt
mit 1–2 Spritzern Zitronensaft
abschmecken.

1 Paprika waschen, vierteln, weiße Trennwände und Kerne entfernen. Die Viertel mit dem Dicer in ca. 1 cm große Würfel schneiden. Zwiebel schälen und mit dem Dicer fein würfeln.

2 Öl in einer beschichteten Pfanne erhitzen und die Zwiebel darin goldgelb andünsten. Paprika zugeben und ca. 2 Min. unter Rühren mitbraten. Hackfleisch zufügen, mit Taco-Würz- mischung bestreuen, salzen, pfeffern und bei großer Hitze krümelig braun braten. Dabei das Hackfleisch beständig mit einem Holzlöffel zerteilen. Tomatenmark gut unterrühren und kurz mitbraten. Dann 125 ml Wasser zugießen, alles gut ver- rühren und zugedeckt ca. 10 Min. schmoren.

3 Inzwischen Mais in ein Sieb abgießen und abtropfen lassen. Dann unter das Hackfleisch mischen und alles offen ca. 5 Min. weiterschmoren. Dabei, falls nötig wenig Wasser zugeben, am Ende soll die Flüssigkeit aber fast vollständig verdunstet sein.

4 Die Tortillas nach Packungsanweisung aufbacken und leicht abkühlen lassen. Dann mit Sour Cream bestreichen, dabei rundum einen 2 cm breiten Rand lassen. Je ein Viertel der Hackmasse darauf verteilen. Die Seitenränder links und rechts leicht über die Füllung klappen und die Tortillas von unten aufrollen. Auf vier Tellern anrichten und servieren.

Für 4 Personen • 25 Min. Zubereitung • Pro Portion ca. 230 kcal, 40 g EW, 9 g F, 11 g KH

TERIYAKI-STEAKS MIT PAK CHOI

JAPANISCH LEICHT

FÜR DIE WÜRZSAUCE
1 Knoblauchzehe
1 Stück Ingwer (2,5 cm lang)
1 Bio-Orange
5 EL Sojasauce
*3 EL trockener Sherry (ersatzweise
    Rinder- oder Gemüsebrühe)*
1 ½ EL Zucker

FÜR STEAKS UND PAK CHOI
4 dünne Rumpsteaks (à 100 g)
Salz
Pfeffer
4 Baby-Pak-Choi
3 EL Öl

AROMA-KICK
Klassische japanische Teriyaki-sauce aus Sojasauce, Sake (Reiswein), Mirin (Kochwein) und Zucker verleiht Gegrilltem oder Gebratenem einen lackartigen Glanz. Wird sie wie hier gewürzt, hat sie noch zusätzliche Aromanoten.

1 Für die Würzsauce Knoblauch und Ingwer schälen und in dünne Scheiben schneiden. Orange heiß abwaschen, abtrocknen und ½ TL Schale abreiben. Den Saft auspressen. Orangensaft, Knoblauch, Ingwer, Sojasauce, Sherry und Zucker verrühren, bis sich der Zucker fast aufgelöst hat. Die Würzsauce dann ca. 10 Min. ziehen lassen.

2 Inzwischen die Steaks mit Salz und Pfeffer würzen. Pak Choi waschen, putzen und längs halbieren. In einer beschichteten Pfanne 2 EL Öl erhitzen. Den Pak Choi mit der Schnittseite hineinlegen und scharf anbraten, bis er leicht gebräunt ist. Wenden und die obere Seite anbraten. Nochmals wenden, dann mit 2 EL Würzsauce und 4–6 EL Wasser ablöschen. Zugedeckt bei kleiner Hitze 3–4 Min. schmoren lassen.

3 Gleichzeitig übriges Öl (1 EL) in einer zweiten Pfanne erhitzen. Die Steaks darin von jeder Seite 1–2 Min. braten, herausnehmen. Die übrige Würzsauce in die Pfanne gießen und bei großer Hitze unter Rühren dickflüssig einkochen. Die Orangenschale bei mittlerer Hitze einrühren.

4 Die Steaks in die Sauce legen und heiß werden lassen, dabei mehrmals wenden, damit sie rundum mit Sauce überzogen sind. Die Steaks auf vier Tellern anrichten, mit der Sauce beträufeln und mit dem Pak Choi servieren. Dazu passt Reis.

Für 4 Personen • 25 Min. Zubereitung • 1 Std. Marinieren • Pro Portion ca. 500 kcal, 16 g EW, 37 g F, 24 g KH

PFANNENGYROS MIT MÖHREN-ZAZIKI

KLASSIKER NEU AUFGELEGT

3 Knoblauchzehen
7 EL Olivenöl
1 TL getrockneter Oregano
1 TL edelsüßes Paprikapulver
¾ TL gemahlener Kreuzkümmel
Salz
Pfeffer
600 g Schweinegeschnetzeltes
40 g Walnusskerne
400 g Möhren
½ Bund Dill
400 g griechischer Joghurt
*   (10 % Fett)*
2 Spritzer Zitronensaft

1 Knoblauch schälen, 2 Zehen in eine Schüssel pressen. Mit 5 EL Öl, Oregano, Paprikapulver, ½ TL Kreuzkümmel, Salz und Pfeffer verrühren. Geschnetzeltes gut untermischen und mind. 1 Std. im Kühlschrank marinieren.

2 Inzwischen Walnusskerne in einer Pfanne ohne Fett rösten, bis sie duften und leicht bräunen. Herausnehmen und abkühlen lassen. Möhren schälen, in grobe Stücke schneiden und portionsweise im Blitzhacker zerkleinern.

3 Übriges Öl (2 EL) in einer beschichteten Pfanne erhitzen. Die übrige Knoblauchzehe hineinpressen, die Möhren zugeben und unter Rühren 2–3 Min. anbraten, sodass sie noch Biss haben. Mit übrigem Kreuzkümmel (¼ TL), Salz und Pfeffer würzen. Dann abkühlen lassen.

4 Die Nüsse im Blitzhacker grob zerkleinern. Dill waschen, trocken schütteln und die Spitzen grob hacken. 1 TL davon beiseitelegen. Joghurt, Nüsse, Möhren und Dill verrühren. Mit Salz, Pfeffer und Zitronensaft abschmecken.

5 Eine große beschichtete Pfanne erhitzen. Das Fleisch samt Marinade hineingeben und rundum anbraten, dann bei mittlerer Hitze 4–5 Min. weiterbraten. Mit Salz und Pfeffer abschmecken. Fleisch und Zaziki auf vier Tellern anrichten und mit dem übrigen Dill bestreuen. Mit Fladenbrot servieren.

LACHS AUF RAHMZUCCHINI

SAHNIG & MILD

1 Bio-Zitrone
2 Bund Kräuter (Petersilie, Dill,
    Basilikum, Estragon)
3 EL Olivenöl
600 g Lachsfilet (ohne Haut)
Salz
Pfeffer
125 ml Wermut (z. B. Noilly Prat,
    ersatzweise Fischfond oder
    Gemüsebrühe)
5 kleine Zucchini
2 Schalotten
2 EL Butter
100 ml Gemüsebrühe
200 g Sahne

AROMA-KICK

Die Zitronenscheiben schützen den Lachs nicht nur perfekt vor dem Austrocknen durch die Ofenhitze: Sie aromatisieren ihn zusätzlich ganz dezent mit feiner Säure.

1 Den Backofen auf 190° vorheizen. Zitrone heiß abwaschen, abtrocknen und in feine Scheiben schneiden, die Enden beiseitelegen. Kräuter waschen, trocken schütteln und im Blitzhacker grob zerkleinern. 3 EL davon beiseitelegen.

2 Eine passende ofenfeste Form mit ½ EL Öl ausstreichen. Lachs hineinlegen, salzen, pfeffern und die gehackten Kräuter darauf verteilen. Mit 2 ½ EL Wermut und übrigem Öl (2 ½ EL) beträufeln. Zitronenscheiben auf die Kräuter legen, sodass sie gut bedeckt sind. Im Ofen (Mitte) ca. 15 Min. garen.

3 Inzwischen Zucchini waschen, längs halbieren und mit dem Dicer in 1 cm große Würfel bzw. Stäbchen schneiden. Schalotten schälen und mit dem Dicer oder Blitzhacker fein würfeln. Butter in einer beschichteten Pfanne erhitzen und die Schalotten darin goldgelb andünsten. Die Zucchini ca. 2 Min. mitbraten, salzen und pfeffern. Mit übrigem Wermut (100 ml) und Brühe ablöschen. Das Gemüse offen bei großer Hitze um die Hälfte einkochen lassen. Sahne zugießen und alles offen bei mittlerer Hitze 4–5 Min. weitergaren, bis die Zucchini gar sind und die Sauce stark eingekocht ist.

4 Die Zitronenenden auspressen. Die Zucchini mit dem Zitronensaft abschmecken und die übrigen Kräuter unterrühren. Den Lachs aus dem Ofen nehmen, die Zitronenscheiben entfernen und den Lachs mit zwei Gabeln in Stücke zupfen. Mit dem Zucchinigemüse auf vier Tellern anrichten.

OFENGEMÜSE MIT HUMMUS 🌿

VEGANER SATTMACHER

4 Zucchini
3 schlanke Auberginen
2 Knoblauchzehen
7 EL Olivenöl
Salz
Pfeffer
1 Glas gegrillte Paprika (in Öl, 290 g)
1 Dose Kichererbsen (400 g)
1 Bio-Zitrone
½ Orange
2 EL Tahin (Sesampaste)
2 TL geräuchertes Paprikapulver
50 g Rauchmandeln (Fertigprodukt)
½ Bund Koriandergrün

GUT ZU WISSEN
Wer möchte, lässt das Gemüse abkühlen und serviert es kalt auf dem Hummus. So macht es sich prima auf einem sommerlichen Büfett oder als Beilage zu Gegrilltem.

1 Den Backofen auf 220° vorheizen, ein Backblech mit Backpapier belegen. Zucchini und Auberginen waschen, putzen und quer halbieren. Die Hälften längs vierteln. Knoblauch schälen, 1 Zehe in eine Schüssel pressen und mit 5 EL Öl verrühren. Kräftig salzen und pfeffern. Die Gemüseviertel gut untermischen, dann auf das Backblech legen. Im Ofen (Mitte) ca. 25 Min. garen, dabei nach der Hälfte der Zeit wenden.

2 Inzwischen Paprika und Kichererbsen in ein Sieb abgießen und abtropfen lassen, dabei das Kichererbsenwasser auffangen. Übrigen Knoblauch grob schneiden. Zitrone heiß abwaschen, abtrocknen und die Schale fein abreiben. Dann Zitrone und Orange auspressen. Paprika, Kichererbsen, Knoblauch, 3 EL Zitronensaft, Orangensaft, übriges Öl (2 EL) und Tahin im Blitzhacker fein pürieren. Falls nötig, das Kichererbsenwasser zugeben. Den Hummus mit Paprikapulver, Salz, Pfeffer und evtl. dem übrigen Zitronensaft würzen.

3 Rauchmandeln im Blitzhacker grob zerkleinern und herausnehmen. Koriandergrün waschen, trocken schütteln und die Blätter im Blitzhacker grob zerkleinern.

4 Den Hummus auf einer Platte verteilen. Das Gemüse aus dem Ofen nehmen und darauf anrichten. Mit gehackten Rauchmandeln, Koriandergrün und Zitronenschale bestreuen und servieren. Dazu passt Fladenbrot.

Für 4 Personen • 20 Min. Zubereitung • Pro Portion ca. 280 kcal, 14 g EW, 12 g F, 28 g KH

BOHNENPÜREE MIT TOMATEN 🌿

SOMMERREZEPT

*2 Dosen weiße Bohnen (Can-
nellini; à 400 g)*
4 Knoblauchzehen
3 EL Olivenöl
125 ml Gemüsebrühe
Salz
Pfeffer
600 g Kirschtomaten
2 Zweige Rosmarin
½ TL Puderzucker
2 Spritzer Aceto balsamico
3 EL helles Tahin (Sesampaste)
1 EL Zitronensaft

1 Bohnen in einem Sieb abtropfen lassen, dabei das Einlegewasser auffangen. Knoblauch schälen. In einem Topf 1 EL Öl erhitzen, 1 Zehe hineinpressen und andünsten. Bohnen, Brühe, Salz und Pfeffer zugeben und offen bei kleiner Hitze ca. 10 Min. köcheln lassen.

2 Inzwischen Tomaten waschen. Rosmarin waschen, trocken schütteln und die Nadeln grob hacken. Übrigen Knoblauch grob andrücken. Übriges Öl (2 EL) in einer beschichteten Pfanne erhitzen. Die Tomaten mit dem Knoblauch darin bei großer Hitze 4–5 Min. braten, bis sie aufplatzen. Dabei mehrmals durchschwenken. Puderzucker, Rosmarin, Salz und Pfeffer unterrühren. Bei mittlerer Hitze ca. 1 Min. schmoren, dann den Essig einrühren.

3 Bohnen mit Tahin und Zitronensaft im Blitzhacker portionsweise pürieren. Falls nötig, noch etwas Einlegewasser zugeben. Bohnenpüree und Tomaten samt Garsud auf vier Tellern anrichten.

Für 4 Personen • 20 Min. Zubereitung • Pro Portion ca. 600 kcal, 21 g EW, 21 g F, 76 g KH

ZUCCHININUDELN MIT KÄSE 🌿

CREMIG & MILD

2 Zucchini
3 Schalotten
3 EL Olivenöl
Salz
400 g Spaghetti
½ Bund Petersilie
½ Bio-Zitrone
1 Knoblauchzehe
200 g cremiger Ziegen-
   frischkäse
Pfeffer

1 Zucchini waschen, putzen und mit dem Spiralschneider in Spiralen schneiden. Schalotten schälen und mit dem Dicer oder Blitzhacker fein würfeln. Öl in einer kleinen Pfanne erhitzen und die Schalotten darin bei mittlerer Hitze in ca. 10 Min. hellbraun dünsten.

2 Inzwischen in einem großen Topf Wasser aufkochen, salzen. Spaghetti darin nach Packungsanweisung höchstens bissfest garen.

3 Petersilie waschen, trocken schütteln und die Blätter im Blitzhacker hacken. Zitrone heiß abwaschen, abtrocknen, die Schale abreiben, den Saft auspressen. Knoblauch schälen, zu den Schalotten pressen und kurz mitdünsten. Mit 5–6 EL Nudelwasser ablöschen, vom Herd nehmen. Käse, Zitronenschale und Petersilie zugeben und glatt rühren. Mit Salz, Pfeffer und 2–3 Spritzern Zitronensaft würzen. Die Zucchini zu den Nudeln geben und 2–4 Min. mitgaren, abgießen. Sauce und Zucchininudeln mischen und kurz ziehen lassen.

PASTA MIT PILZ-PICCATA 🍃

VEGGIE-SCHNITZELCHEN

1 Knoblauchzehe
2 EL Olivenöl
1 Dose passierte Tomaten (400 g)
Salz
Pfeffer
1 ½ TL getrockneter Oregano
300 g Austernpilze
120 g Parmesan
4 Eier (M)
100 g Mehl
120 g Semmelbrösel
400 g Spaghetti
Öl zum Frittieren

1 Knoblauch schälen. Öl in einem Topf erhitzen, den Knoblauch hineinpressen und kurz andünsten. Passierte Tomaten zugeben, mit Salz, Pfeffer und ½ TL Oregano würzen. Die Tomatensauce dann offen bei kleiner Hitze ca. 20 Min. köcheln lassen, dabei gelegentlich umrühren.

2 Inzwischen Pilze kurz unter fließendem kaltem Wasser waschen. Gut mit Küchenpapier trocken tupfen und mit dem Handballen möglichst flach drücken (Bild 1). Dicke Stiele entfernen. Parmesan fein reiben. Eier in einem tiefen Teller verquirlen, den Parmesan unterrühren, salzen und pfeffern. Mehl in einen zweiten Teller geben, Semmelbrösel und übrigen Oregano (1 TL) in einem dritten Teller mischen.

3 Die Pilze zuerst im Mehl wenden (Bild 2), überschüssiges Mehl abschütteln. Dann in der Eiermischung wenden (Bild 3) und diese gut abtropfen lassen. Zuletzt in den Semmelbröseln wenden (Bild 4), diese dabei gut andrücken. Reichlich Wasser in einem großen Topf aufkochen, salzen. Spaghetti darin nach Packungsanweisung garen.

4 In einer Pfanne mit hohem Rand ca. 2 cm hoch Öl erhitzen. Es ist heiß genug, wenn an einem hineingetauchten Holzspieß sprudelnd Bläschen aufsteigen. Die Pilze im heißen Öl portionsweise in ca. 2 Min. knusprig frittieren (Bild 5), dabei einmal wenden. Herausheben und auf Küchenpapier entfetten.

5 Die Nudeln abgießen und abtropfen lassen. Dann sofort mit der Tomatensauce mischen und kurz ziehen lassen. Auf vier Tellern anrichten und mit den Pilzen servieren (Bild 6).

PAPRIKA-SHAKSHUKA 🌿

ONE-PAN-KLASSIKER

2 grüne Paprika
1 große Zwiebel
2 Knoblauchzehen
4 EL Olivenöl
1 EL Tomatenmark
1 EL Harissa (scharfe Würzpaste)
2 Dosen stückige Tomaten
    (à 400 g)
1 TL gemahlener Kreuzkümmel
Salz
Pfeffer
4 Eier (M)
1 Bund Koriandergrün

GUT ZU WISSEN

Wer mag, kann das Paprika-
gemüse noch mit gewürfelter
Chorizo aufpeppen oder zerbröselten Schafskäse darauf-
streuen. So oder so ist die Eier-
pfanne ein toller Sattmacher!

1 Paprika waschen, vierteln, Trennwände und Kerne entfer-nen. Die Viertel mit dem Dicer ca. 1 cm groß würfeln. Zwiebel schälen mit dem Dicer fein würfeln, Knoblauch schälen.

2 Öl in einer hohen Pfanne erhitzen und die Paprika darin bei großer Hitze 2–3 Min. unter Rühren braten. Die Zwiebel zufü-gen und bei mittlerer Hitze 2–3 Min. mitbraten. Den Knoblauch dazupressen, Tomatenmark und Harissa zufügen und ca. 1 Min. unter Rühren mitbraten. Tomaten einrühren, mit Kreuzkümmel, Salz und Pfeffer würzen. Die Sauce offen bei mittlerer Hitze 15–20 Min. garen, bis sie dicklich eingekocht ist.

3 Mit dem Rücken eines Esslöffels gleichmäßig versetzt vier Mulden in die Sauce drücken. Jeweils 1 Ei aufschlagen und vorsichtig in eine Mulde gleiten lassen. Leicht salzen und pfeffern. Zugedeckt bei kleiner bis mittlerer Hitze weitere 10–12 Min. garen, bis das Eiweiß gestockt ist.

4 Die Shakshuka vom Herd nehmen und offen kurz ruhen las-sen. Inzwischen Koriandergrün waschen und trocken schütteln. Als Bund fassen, die Blätter mit einer Schere grob abschneiden und hacken. Die Shakshuka mit dem Koriandergrün bestreuen und servieren. Dazu passt Fladenbrot.

Für 4 Personen • 20 Min. Zubereitung • 25 Min. Backen • Pro Portion ca. 665 kcal, 41 g EW, 35 g F, 46 g KH

BROTAUFLAUF MIT TOMATEN

TOLLE RESTEVERWERTUNG

1 Baguette vom Vortag (300 g, ersatzweise Weißbrot)
4 Tomaten
200 g Schinken (in dickeren Scheiben)
1 Bund Petersilie
4 Eier (M)
200 g Sahne
200 ml Milch
Salz
Pfeffer
frisch geriebene Muskatnuss
1 TL getrockneter Oregano
150 g geriebener Emmentaler (aus dem Kühlregal)

AUSSERDEM
Butter für die Form

GUT ZU WISSEN
Noch Brot übrig, das weg-muss? Dann passt immer ein Brotauflauf. Ist das Brot schon recht trocken, etwas mehr Milch nehmen und den Auflauf vor dem Backen noch etwas durchziehen lassen.

1 Den Backofen auf 200° vorheizen, eine passende Auflaufform mit Butter einfetten. Baguette in ca. 1,5 cm dicke Scheiben schneiden (oder bereits in der Bäckerei schneiden lassen).

2 Tomaten waschen und die Stielansätze keilförmig heraus-schneiden. Die Tomaten mit dem Dicer quer in Scheiben schnei-den. Die Schinkenscheiben übereinanderlegen und mit dem Dicer in ca. 1 cm große Würfel schneiden. Petersilie waschen, trocken schütteln und im Blitzhacker zerkleinern.

3 Eier, Sahne und Milch mit einem Schneebesen gut verquirlen. Kräftig mit Salz, Pfeffer, Muskatnuss und ½ TL Oregano würzen. Die Hälfte der Petersilie und 75 g Käse unterrühren.

4 Brotscheiben, Tomatenscheiben und Schinkenwürfel abwech-selnd in die Form schichten. Dabei übrigen Käse (75 g), übrige Petersilie und Oregano (½ TL) dazwischen streuen.

5 Den Auflauf zuletzt gleichmäßig mit der Eiersahne über-gießen und im Ofen (unten) in 20–25 Min. goldbraun backen. Herausnehmen und kurz ruhen lassen, dann in Stücke schneiden und warm servieren. Dazu passt frischer Blattsalat.

Für 4 Personen • 20 Min. Zubereitung • 30 Min. Garen • Pro Portion ca. 400 kcal, 13 g EW, 10 g F, 62 g KH

CHILI SIN CARNE

VEGGIE-KLASSIKER

1 große Zwiebel
2 Knoblauchzehen
3 EL Olivenöl
1 Süßkartoffel (400 g)
1 TL Tomatenmark
2 TL Chili-con-carne-Würz-
  mischung
1 Dose stückige Tomaten
  (400 g)
250 ml Gemüsebrühe
1 Dose Kidneybohnen (400 g)
1 Dose Mais (285 g Abtropf-
  gewicht)
Salz
Pfeffer
5 Stängel Koriandergrün

1 Zwiebel schälen und mit dem Dicer fein würfeln. Knoblauch schälen. Öl in einem Topf erhitzen und die Zwiebel darin goldgelb andünsten. Den Knoblauch dazupressen und kurz mitdünsten.

2 Inzwischen Süßkartoffel schälen und mit dem Spiralschneider in Spiralen schneiden. Diese nach Belieben mit einer Schere kürzer schneiden. Die Spiralen zur Zwiebel geben und unter Rühren ca. 1 Min. anbraten. Tomatenmark und 1 ½ TL Würzmischung zugeben und unter Rühren 1–2 Min. mitrösten. Tomaten und Brühe zufügen und alles zugedeckt bei mittlerer Hitze 15–20 Min. garen.

3 Bohnen und Mais in ein Sieb abgießen, kalt abbrausen und zur Sauce geben. Den Eintopf mit Salz, Pfeffer und übriger Würzmischung (½ TL) abschmecken und in 5–10 Min. fertig garen. Koriandergrün waschen, trocken schütteln und die Blätter grob hacken. Das Chili damit bestreuen und servieren.

Für 4 Personen • 20 Min. Zubereitung • 25 Min. Garen • Pro Portion ca. 255 kcal, 8 g EW, 12 g F, 21 g KH

PILZ-KARTOFFEL-SUPPE 🍃

SCHMECKT AUCH ALS VORSPEISE

20 g getrocknete Pfifferlinge
400 g braune Champignons
450 g mehligkochende Kar-
   toffeln
1 Zwiebel
1 Knoblauchzehe
2 EL Butter
100 ml Weißwein (ersatzweise
   Gemüsebrühe)
800 ml Gemüsebrühe
½ TL getrockneter Majoran
Salz
Pfeffer
200 g Sahne
1 EL Zitronensaft

1 Pfifferlinge in 100 ml heißem Wasser ca. 30 Min. einweichen. Inzwischen Champignons putzen, mit einem Tuch abreiben und im Dicer in Scheiben schneiden. Kartoffeln schälen und im Dicer ca. 1 cm groß würfeln. Zwiebel und Knoblauch schälen und im Dicer fein würfeln. Pfifferlinge aus dem Wasser nehmen und im Blitzhacker zerkleinern, das Einweichwasser beiseitestellen.

2 Butter in einem Suppentopf erhitzen. Zwiebel und Knoblauch darin goldgelb andünsten. Champignons zugeben und unter Rühren ca. 2 Min. mitdünsten. Mit Wein ablöschen und diesen fast vollständig verdunsten lassen. Brühe, Kartoffeln, Pfifferlinge samt Einweichwasser und Majoran zugeben. Die Suppe mit Salz und Pfeffer würzen und zugedeckt bei kleiner bis mittlerer Hitze 20–25 Min. köcheln lassen.

3 Sahne einrühren und heiß werden lassen. Die Suppe mit Salz, Pfeffer und Zitronensaft abschmecken und evtl. noch cremig pürieren.

GANZ UND LANGSAM GAR

KOHLSTEAKS MIT KARTOFFELSTAMPF 🌿

LECKER & DEFTIG

1 Weißkohl (1 kg)
1 Knoblauchzehe
4 EL Olivenöl
4 Zweige Thymian
Salz
Pfeffer
80 g Parmesan
1 kg mehligkochende Kartoffeln
100 g Crème fraîche
2 EL körniger Senf

SERVIER-TIPP

Doch lieber mit Fleisch? Dann 100 g Frühstücksspeck in Scheiben (Bacon) quer in schmale Streifen schneiden und in einer Pfanne ohne Fett knusprig braun braten. Beim Anrichten mit etwas ausgebratenem Fett auf den Kartoffelstampf geben.

1 Den Backofen auf 200° vorheizen, ein Backblech mit Backpapier belegen. Kohl waschen und unschöne äußere Blätter entfernen. Den Strunk gerade schneiden, jedoch nicht herausschneiden. Den Kohl dann längs in ca. 1,5 cm dicke Scheiben schneiden, sodass die Blätter nicht auseinanderfallen.

2 Knoblauch schälen und zum Öl pressen. Thymian waschen, trocken schütteln, die Blätter abzupfen und unterrühren. Die Kohlscheiben von beiden Seiten mit dem Würzöl bestreichen und auf dem Backblech verteilen. Mit Salz und Pfeffer würzen und im Ofen (Mitte) ca. 25 Min. garen.

3 Inzwischen den Parmesan im Blitzhacker zerkleinern. Kartoffeln schälen und halbieren. In ausreichend Salzwasser in 20–25 Min. weich garen. Danach abgießen und ausdampfen lassen. Falls nötig, warm halten.

4 Die Kohlscheiben mit dem Parmesan bestreuen und in weiteren 5–10 Min. leicht braun rösten. Kurz vor Garzeitende die Kartoffeln mit dem Kartoffelstampfer zerdrücken. Nacheinander Crème fraîche und Senf unterrühren. Den Stampf mit Salz und Pfeffer würzen. Kohlsteaks und Kartoffelstampf auf vier Tellern anrichten und servieren.

GEFÜLLTE SÜSSKARTOFFELN ❧

BUNT & GESUND

4 Süßkartoffeln (à 400 g)
200 g Sour Cream
½ TL gemahlener Kreuzkümmel
Salz
Pfeffer
5 Stängel Koriandergrün
1 Mini-Römersalat
2 feste Tomaten
1 reife Avocado
2 EL Limettensaft
25 g Butter

1 Den Backofen auf 200° vorheizen. Süßkartoffeln waschen, rundum mit einer Gabel mehrmals tief einstechen und auf ein Backblech legen. Im Ofen (Mitte) 1–1 Std. 15 Min. garen, bis sie sich leicht und ohne Widerstand mit einem Messer einstechen lassen. Dabei einmal wenden.

2 Inzwischen die Sour Cream mit Kreuzkümmel, Salz und Pfeffer würzen. Koriandergrün waschen und trocken schütteln. Die Blätter abzupfen und im Blitzhacker grob zerkleinern, dann unter die Sour Cream mischen.

3 Römersalatkopf waschen und trocken schütteln. Dann die Blätter von oben her quer in feine Streifen schneiden, den Strunk wegwerfen. Tomaten waschen, halbieren und die Stielansätze entfernen. Im Dicer in Würfel schneiden. Avocado halbieren, entsteinen und die Hälften schälen. Das Fruchtfleisch mit dem Dicer ebenfalls in Würfel schneiden. Die Würfel sofort mit Limettensaft mischen, damit sie nicht braun werden. Dann mit Tomaten und Salat mischen.

4 Die Süßkartoffeln aus dem Ofen nehmen und auf vier Teller legen. Längs aufschneiden und das weiche Innere mit einer Gabel leicht aufbrechen. Butter in Stücke schneiden, auf das Innere verteilen und mit der Gabel leicht einarbeiten. Den Salat daraufhäufen, mit der Sour Cream beträufeln und servieren.

BLUMENKOHL MIT KRÄUTERSAUCE

RESTLOS GUT

FÜR DEN BLUMENKOHL
Salz
1 großer Blumenkohl (1 kg)
20 g Butter
3 EL Olivenöl
Pfeffer

FÜR DIE SAUCE
1 Zitrone
40 g Petersilie
3 EL Tahin (Sesampaste)
200 g griechischer Joghurt
  (10 % Fett)
½ TL gemahlener Kreuzkümmel
1 Prise Zucker
Salz
Pfeffer

GUT ZU WISSEN
Hier gibt es keinen Abfall! Die Kohlstrünke werden beim Garen herrlich knusprig und können mitgegessen werden. Wer mag, schaltet am Ende noch kurz den Grill zu, damit sie knusprig braun rösten.

1 Für den Blumenkohl den Backofen auf 180° vorheizen. Wasser in einem großen Topf aufkochen und salzen. Blumenkohl waschen, nur die Blätter entfernen, die strunkigen Stiele belassen. Den Strunk unten gerade schneiden, sodass der Kopf gut steht. Den Blumenkohl dann mit dem Strunk nach oben in das sprudelnde Wasser legen und 6–7 Min. garen. Herausheben, abtropfen lassen und mit den Röschen nach oben in eine passende ofenfeste Form setzen.

2 Butter und Öl in einer kleinen Pfanne schmelzen. Den Kohl rundum samt Strünken damit bepinseln, salzen und pfeffern. Im Ofen (Mitte) 1 Std. 30 Min.–2 Std. garen, bis der Blumenkohl sich mit einem spitzen Messer leicht einstechen lässt und schön gebräunt ist. Dabei alle ca. 20 Min. mit dem übrigen Butter-Öl-Mix bzw. dem ausgetretenen Bratsaft bestreichen.

3 Inzwischen für die Sauce die Zitrone auspressen. Petersilie waschen, trocken schütteln und samt Stielen grob zerschneiden. Dann mit Zitronensaft, Tahin und 100 g Joghurt im Blitzhacker möglichst fein pürieren. Dabei gerade so viel kaltes Wasser zugeben, dass eine cremige Sauce entsteht. Den übrigen Joghurt (100 g) unterrühren und die Sauce mit Kreuzkümmel, Zucker, Salz und Pfeffer würzen.

4 Den Blumenkohl aus dem Ofen nehmen, kurz ruhen lassen und in Scheiben schneiden. Mit der Sauce servieren.

Für 4 Personen • 25 Min. Zubereitung • 3 Std. Garen • Pro Portion ca. 485 kcal, 7 g EW, 46 g F, 8 g KH

OFENSELLERIE MIT PESTO 🌿

VEGGIE-SONNTAGSBRATEN

FÜR DEN SELLERIE
1 große Knolle Sellerie (1,2 kg)
3 EL Olivenöl
Salz
Pfeffer

FÜR DAS PESTO
50 g Mandelblättchen
50 g glatte Petersilie
6 Stängel Basilikum
1 rote Chilischote
1 Knoblauchzehe
½ Bio-Zitrone
125 ml Olivenöl
Salz
Pfeffer

1 Für den Sellerie den Backofen auf 190° vorheizen. Sellerie gründlich waschen, jedoch nicht schälen. Den Wurzelansatz unten gerade abschneiden, sodass die Knolle gut steht. Den Sellerie mit einem spitzen Messer rundum 25-mal tief einstechen und in eine passende ofenfeste Form stellen.

2 Öl mit ½ TL Salz und Pfeffer mischen und den Sellerie rundum damit bestreichen. Im Ofen (unten) 2 Std. 30 Min.–3 Std. garen, bis er sich mit einem spitzen Messer ohne Widerstand tief einstechen lässt. Dabei den Sellerie alle 30 Min. mit dem ausgetretenen Bratsaft bestreichen.

3 Inzwischen für das Pesto Mandeln in einer Pfanne ohne Fett braun rösten, abkühlen lassen. Petersilie und Basilikum waschen, trocken schütteln und die Blätter grob schneiden. Chili, waschen, halbieren, weiße Trennwände und Kerne entfernen. Die Hälften grob hacken. Knoblauch schälen und grob würfeln. Zitrone heiß abwaschen, abtrocknen, die Schale abreiben und den Saft auspressen. Zitronenschale und 2 EL Saft mit den übrigen Zutaten und Öl fein pürieren. Das Pesto mit Salz, Pfeffer und dem übrigen Zitronensaft abschmecken.

4 Den Sellerie aus dem Ofen nehmen und kurz ruhen lassen. Dann in Spalten schneiden und mit dem Pesto zum Beträufeln servieren. Dazu passen Brot, Reis oder neue Kartoffeln.

Für 4 Personen • 20 Min. Zubereitung • 40 Min. Garen • Pro Portion ca. 425 kcal, 19 g EW, 31 g F, 15 g KH

GEFÜLLTE SPITZPAPRIKA 🍃

SOMMERREZEPT

8 kleine rote Spitzpaprika
3 Schalotten
4 EL Olivenöl
1 TL getrocknete italienische
   Kräuter
Salz
Pfeffer
200 g Schafskäse (Feta)
200 g Ricotta
2 Eier (M)
4 EL Semmelbrösel
2 Knoblauchzehen

AUSSERDEM
Olivenöl für die Form

1 Paprika waschen und trocknen. Jeweils an der Oberseite ein Viertel der Schote als langen Streifen herausschneiden. Diese Streifen mit dem Dicer klein würfeln. Die Schoten dann putzen. Schalotten schälen und mit dem Dicer oder im Blitzhacker fein würfeln.

2 Den Backofen auf 180° erhitzen, eine passende ofenfeste Form dünn mit Öl ausstreichen. In einer Pfanne 2 EL Öl erhitzen und die Schalotten darin goldgelb andünsten. Die Paprikawürfel zugeben, und 2–3 Min. unter Rühren mitbraten. Kräuter einrühren, salzen und pfeffern. Vom Herd nehmen und leicht abkühlen lassen.

3 Inzwischen Schafskäse zerbröseln. Mit Ricotta, Eiern, übrigem Öl (2 EL), Semmelbröseln und Paprika-Schalotten-Mischung verrühren. Knoblauch schälen und dazupressen. Alles gut verrühren und kräftig mit Salz und Pfeffer abschmecken. Die Masse in die Schoten füllen und diese im Ofen (Mitte) 35–40 Min. garen. Heiß servieren.

Für 4 Personen • 30 Min. Zubereitung • Pro Portion ca. 295 kcal, 10 g EW, 13 g F, 34 g KH

PORTOBELLO-BURGER 🌿

VEGGIE-BURGER

4 Portobello-Pilze (400 g; ersatzweise große Champignons)
3 Zweige Thymian
2 Knoblauchzehen
2 EL Olivenöl
1 EL Sojasauce
Salz (am besten Rauchsalz)
Pfeffer
1 kleine rote Zwiebel
4 Blätter Lollo bionda
4 Burger-Buns (Fertigprodukt)
6 EL Sour Cream

1 Den Backofen auf 175° vorheizen. Pilze abreiben und die Stiele entfernen. Thymian waschen, trocken schütteln und die Blätter fein hacken. Knoblauch schälen und durchpressen. Die Hälfte von Thymian und Knoblauch mit Öl und Sojasauce verrühren. Leicht salzen und pfeffern. Die Pilze mit dem Würzöl bestreichen und mit den Lamellen nach oben in eine passende ofenfeste Form legen. Im Ofen (Mitte) 12–15 Min. garen, dabei nach ca. 6 Min. einmal wenden.

2 Inzwischen Zwiebel schälen und in Ringe schneiden. Salat waschen und trocknen. Buns nach Packungsanweisung erwärmen. Übrigen Knoblauch, Thymian, Sour Cream, Salz und Pfeffer verrühren.

3 Die Buns halbieren und je 1 TL Sour Cream auf den Böden verteilen. Je 1 Salatblatt und einige Zwiebelringe daraufgeben. Je 1 Pilz darauflegen, restliche Sour Cream und übrige Zwiebelringe daraufschichten. Die Deckel auflegen und servieren.

KÜRBIS MIT NUSS-GREMOLATA 🍃

HERBSTREZEPT

FÜR DEN KÜRBIS
1 Butternuss-Kürbis (1,5 kg)
3 EL Olivenöl
Salz
Pfeffer

FÜR DIE GREMOLATA
40 g Haselnussblättchen
200 g Roquefort (ersatzweise
anderer Blauschimmelkäse)
2 Knoblauchzehen
1 großes Bund Petersilie
1 Bio-Zitrone
¼ TL Chiliflocken
Salz
Pfeffer

TAUSCH-TIPP
Herber, salziger Blauschimmelkäse passt perfekt zum süß-
lichen Kürbisfleisch. Wer ihn
nicht mag, nimmt geriebenen
Parmesan oder zerbröselten
Schafskäse (Feta).

1 Für den Kürbis den Backofen auf 200° vorheizen. Kürbis waschen und längs halbieren. Kerne und faseriges Fruchtfleisch mit einem Löffel herausschaben. Das Fruchtfleisch dann mit diagonalen Schnitten gitterförmig ca. 1 cm tief einschneiden. Mit Öl bestreichen, mit Salz und Pfeffer würzen. Die Hälften mit der Schnittfläche nach oben auf ein Backblech legen und im Ofen (Mitte) ca. 1 Std. 15 Min. rösten, bis das Fruchtfleisch weich und leicht gebräunt ist.

2 Inzwischen für die Gremolata die Haselnussblättchen in einer Pfanne ohne Fett hellbraun rösten, herausnehmen und abkühlen lassen. Roquefort mit einer Gabel grob zerbröseln. Knoblauch schälen, Petersilie waschen und trocken schütteln. Dann beides im Blitzhacker fein zerkleinern.

3 Zitrone heiß abwaschen, abtrocknen und die Schale fein abreiben. Die Zitrone halbieren und 1 Hälfte auspressen. Zitronenschale, Nüsse, Käse, Knoblauch und Petersilie vermischen. Kurz vor dem Servieren mit Chiliflocken, Salz und Pfeffer würzen.

4 Den Kürbis aus dem Ofen nehmen und das Fruchtfleisch evtl. mit einem Löffel leicht lösen, jedoch in der Schale belassen. Die Kürbishälften mit dem Zitronensaft beträufeln, mit der Gremolata bestreuen und sofort servieren. Dazu passen Couscous oder frisches Weißbrot.

Für 4 Personen • 15 Min. Zubereitung • 1 Std. 10 Min. Garen • Pro Portion ca. 365 kcal, 13 g EW, 27 g F, 17 g KH

WIRSING IN PAPRIKARAHM 🌿

TOPPT JEDEN BRATEN

1 Wirsing (1,2 kg)
2 Zwiebeln
2 rote Paprika
2 EL Butterschmalz
frisch geriebene Muskatnuss
1 TL getrockneter Oregano
2 TL edelsüßes Paprikapulver
2 Msp. Chilipulver
200 g Crème fraîche
350 ml Gemüsebrühe
Salz
Pfeffer

GU CLOU

Durch das lange Garen im Ofen karamellisiert der im Wirsing enthaltene Fruchtzucker und es entstehen intensive Röstaromen. So schmeckt der Wirsing richtig deftig und ist besonders im Winter bester Veggie-Bratenersatz.

1 Den Backofen auf 180° vorheizen. Unschöne äußere Blätter vom Wirsing entfernen, den Kopf dann waschen, trocken schütteln und längs achteln. Zwiebeln schälen und im Dicer oder Blitzhacker klein würfeln. Paprika waschen, halbieren, weiße Trennwände und Kerne entfernen. Die Hälften im Dicer ca. 1 cm groß würfeln.

2 Butterschmalz in einem weiten Bräter erhitzen und die Zwiebeln darin bei mittlerer Hitze goldgelb dünsten. Die Paprikawürfel zugeben und 1–2 Min. anbraten. Muskatnuss, Oregano, Paprika- und Chilipulver einrühren. 100 g Crème fraîche und 200 ml Brühe zugeben und alles gut verrühren. Die Sauce mit Salz und Pfeffer würzen.

3 Die Wirsingspalten mit einer Schnittseite dicht an dicht auf die Sauce legen. Kräftig mit Salz und Pfeffer würzen und zugedeckt im Ofen (Mitte) ca. 40 Min. garen.

4 Übrige Crème fraîche (100 g) und Brühe (150 ml) verrühren. Den Bräter aus dem Ofen nehmen. Die Wirsingspalten vorsichtig wenden und mit der Crème-fraîche-Brühe-Mischung übergießen. Den Bräter wieder verschließen und den Wirsing im Ofen in 25–30 Min. fertig garen. Herausnehmen und servieren. Dazu passen Spätzle, Salzkartoffeln oder Semmelknödel.

REGISTER

Vegetarische Rezepte, die im Buch mit einem ◐ gekennzeichnet sind, sind hier grün abgesetzt.

Abkürzungsverzeichnis:
E = Eiweiß
EL = Esslöffel
(gestrichen)
F = Fett
kcal = Kilokalorien
KH = Kohlenhydrate
Msp. = Messerspitze
Pck. = Päckchen
TK = Tiefkühl
TL = Teelöffel
(gestrichen)
Ø = Durchmesser

LIEBE LESERINNEN UND LESER,

wir wollen Ihnen mit diesem Buch Informationen und Anregungen geben, um Ihnen das Leben zu erleichtern oder Sie zu inspirieren, Neues auszuprobieren. Wir achten bei der Erstellung unserer Bücher auf Aktualität und stellen höchste Ansprüche an Inhalt und Gestaltung. Alle Anleitungen und Rezepte werden von unseren Autoren, jeweils Experten auf ihren Gebieten, gewissenhaft erstellt und von unseren Redakteur*innen mit größter Sorgfalt ausgewählt und geprüft.

Haben wir Ihre Erwartungen erfüllt? Sind Sie mit diesem Buch und seinen Inhalten zufrieden? Wir freuen uns auf Ihre Rückmeldung. Und wir freuen uns, wenn Sie diesen Titel weiterempfehlen, in Ihrem Freundeskreis oder bei Ihrem Online-Kauf.

Sollten wir Ihre Erwartungen so gar nicht erfüllt haben, tauschen wir Ihnen Ihr Buch jederzeit gegen ein gleichwertiges zum gleichen oder ähnlichen Thema um.

KONTAKT ZUM LESERSERVICE

GRÄFE UND UNZER VERLAG
Grillparzerstraße 12
81675 München
www.gu.de

IMPRESSUM

© 2024 GRÄFE UND UNZER VERLAG GmbH, Postfach 860366, 81630 München

GU ist eine eingetragene Marke der GRÄFE UND UNZER VERLAG GmbH, www.gu.de

ISBN 978-3-8338-9275-2
1. Auflage 2024

Projektleitung: Nathalie Künzl
Lektorat: Petra Teetz
Korrektorat: Andrea Lazarovici
Gesamtgestaltung: independent Medien-Design, München
Umschlaggestaltung: ki36 Editorial Design, Sabine Krohberger, München
Herstellung: Gloria Schlayer
Satz: Eberl & Koesel Studio GmbH
Reproduktion: medienprinzen GmbH
Druck + Bindung: Firmengruppe APPL, aprinta druck, Wemding
Printed in Germany

Bildnachweis:

Stockfood Studios/Tina Engel: alle Bilder im Innenteil und auf den Klappen, außer:
Stockfood Studios/Meike Bergmann: Cover
PicturePeople GmbH & Co. KG: S. 4 Autorinnenfoto

Umwelthinweis:

Nachhaltigkeit ist uns sehr wichtig. Der Rohstoff Papier ist in der Buchproduktion hierfür von entscheidender Bedeutung. Daher ist dieses Buch auf PEFC-zertifiziertem Papier gedruckt. PEFC garantiert, dass ökologische, soziale und ökonomische Aspekte in der Verarbeitungskette unabhängig überwacht werden und lückenlos nachvollziehbar sind.

Bildagentur Image Professionals GmbH, Tumblingerstr. 32, 80337 München
www.imageprofessionals.com

Die GU-Homepage finden Sie unter www.gu.de

APPETIT AUF MEHR?

Die Autorin

Tanja Dusy

ist freie Foodjournalistin, orientiert sich bei ihrer
Arbeit am Puls der Zeit und ist ein echter Profi
beim Thema Ernährungstrends. Ihre Rezepte über-
zeugen seit vielen Jahren durch Kreativität und
absolute Verlässlichkeit. Ihre zahlreichen Bücher
haben sich insgesamt fast zwei Millionen Mal
verkauft.

Die Fotografin

Tina Engel

ist über das Foodstyling zur Fotografie gekommen.
In ihrem Studio setzt sie mit Liebe zum Detail
und oft im minimalistischen Stil unterschiedliche
Food-Themen für ihre Kunden um. Styling und
Fotografie kommen dabei aus einer Hand. Sie lebt
mit ihrem Mann und ihren drei Kindern im Herzen
von München.